AF269742

LO MEJOR DEL DEPORTE DE TODOS LOS TIEMPOS

G.O.A.T. EN LA GIMNASIA

NADIA COMANECI, SIMONE BILES Y MÁS

JOE LEVIT

ediciones Lerner ◆ Mineápolis

Traducción al español: copyright © 2025 por Lerner Publishing Group, Inc.
Título original: *Gymnastics's G.O.A.T.: Nadia Comaneci, Simone Biles, and More*
Texto: copyright © 2022 por Lerner Publishing Group, Inc.
La traducción al español fue realizada por Zab Translation.

ediciones Lerner
Una división de Lerner Publishing Group, Inc.
241 First Avenue North
Mineápolis, MN 55401, EE. UU.

Si desea averiguar acerca de niveles de lectura y para obtener más información, favor consultar este título en www.lernerbooks.com.

Fuente del texto del cuerpo principal: Aptifer Sans LT Pro.
Fuente proporcionada por Linotype AG.

Library of Congress Cataloging-in-Publication Data

Names: Levit, Joe, 1973–author.
Title: G.O.A T. en la gimnasia : Nadia Comaneci, Simone Biles y más / Joe Levit.
Other titles: Gymnastics's G.O.A.T Spanish | Gymnastic's greatest of all time
Description: Minneapolis : ediciones Lerner, 2024. | Series: Lerner sports en español. Lo mejor del deporte de todos los tiempos | Includes bibliographical references and index. | Audience: Ages 7–11 | Audience: Grades 2–3 | Summary: "From daring vaults to jaw-dropping floor routines, gymnastics stars do it all. This book sticks the landing for old and new fans alike with stunning stats, thrilling comebacks, and the greatest gymnasts of all time. Now in Spanish!"—Provided by publisher.
Identifiers: LCCN 2024003381 (print) | LCCN 2024003382 (ebook) | ISBN 9798765623992 (library binding) | ISBN 9798765627938 (paperback) | ISBN 9798765630945 (epub)
Subjects: LCSH: Gymnasts—Juvenile literature. | Gymnastics—Juvenile literature. | Comăneci, Nadia, 1961––Juvenile literature. | Biles, Simone, 1997––Juvenile literature.
Classification: LCC GV461.3 .L48 2024 (print) | LCC GV461.3 (ebook) | DDC 796.44092/2 [B]—dc23

Fabricado en los Estados Unidos de América
1-1010040-51849-12/21/2023

CONTENIDO

SALTO PERFECTO

Los grandes gimnastas han competido entre sí durante años en los Juegos Olímpicos y en los campeonatos mundiales. Igualmente, elegir al mejor atleta de todos los tiempos (G.O.A.T.) no es una tarea sencilla.

DATOS DE INTERÉS

SVETLANA KHORKINA se llevó la medalla de oro en barras asimétricas en los campeonatos mundiales de 1995 y 2003.

SAWAO KATO ayudó a su equipo a ganar el título en la prueba de concurso completo por 0,4 punto.

NADIA COMANECI obtuvo siete puntuaciones perfectas en las Olimpíadas de 1976.

SIMONE BILES le dio su nombre a cuatro elementos, incluido un movimiento de ejercicio en suelo que tiene la calificación de dificultad más elevada en la gimnasia femenina.

Esto se debe en parte a que las puntuaciones cambiaron después de las Olimpíadas de verano en Atenas, Grecia, en 2004. Antes de esos juegos, un 10 era una puntuación perfecta. El sistema nuevo se basa en dos puntuaciones diferentes. Una califica la dificultad de una rutina. La otra califica el desempeño del gimnasta. Antes de 1991, los campeonatos mundiales tenían lugar cada cuatro años. Desde entonces, los eventos se llevaron a cabo cada dos años, excepto en los años olímpicos. De modo que los gimnastas modernos tienen más posibilidades de ganar medallas.

Tanto hombres como mujeres hacen rutinas en suelo y de salto. Y ambos compiten por medallas en equipo e individuales en la prueba de concurso completo. Pero también tienen eventos diferentes. Las mujeres compiten en las barras asimétricas y en la viga de equilibrio. Los hombres usan el caballo con arcos, los aros, las barras paralelas y la barra fija.

Los mejores gimnastas de todos los tiempos tienen unas pocas cosas en común. Por lo general ganaron una medalla de oro en la prueba de concurso completo en las Olimpíadas. Están en el Salón de la Fama Internacional de la Gimnasia o están en camino a estarlo. Tienen más medallas que la mayoría de los gimnastas, y con frecuencia hay movimientos de gimnasia que llevan su nombre.

Las atletas han estado subiendo la vara en la viga de equilibrio desde que se convirtió en parte de los Juegos Olímpicos en 1952.

Quizás no todos los nombres de este libro te resulten familiares. Pero es imposible contar la historia de la gimnasia sin ellos. Es posible que no estés de acuerdo con el ranking. O quizás sientas que alguien importante ha quedado afuera. Tus amigos también tendrán sus propias opiniones sobre los G.O.A.T. No estar de acuerdo es parte de la diversión. Este libro trata más que nada sobre formar tu propia opinión sobre algunos de los mejores gimnastas del mundo.

SVETLANA KHORKINA

Svetlana Khorkina era una gimnasta alta y elegante. Pero su altura y las piernas largas hacían que la práctica de la gimnasia fuera difícil, ya que los mortales y otros ejercicios requieren más esfuerzo en el caso de los gimnastas altos. Se vio forzada a ser creativa con sus rutinas. Khorkina creó ocho elementos que llevan su nombre: dos tipos de saltos, dos movimientos en la viga de equilibrio, un salto en los ejercicios en suelo y tres movimientos en las barras asimétricas.

En los últimos años, el grupo que supervisa la gimnasia internacional cambió la manera en la que otorga crédito por los elementos. Los cambios implicaron que Khorkina solo tiene cuatro movimientos con su nombre. Cada uno muestra cómo su originalidad produjo algo nuevo y fascinante. Su estilo único se apreciaba mejor en las barras asimétricas. Ganó el evento en el campeonato mundial en 2003, ocho años después de ganarlo por primera vez.

ESTADÍSTICAS DE SVETLANA KHORKINA

► Ganó siete medallas olímpicas, dos de ellas de oro.

► Ganó veinte medallas en campeonatos mundiales, nueve de ellas de oro.

► Fue la primera gimnasta en obtener títulos en la prueba de concurso completo en tres campeonatos mundiales.

► Ganó veinte medallas en campeonatos europeos femeninos, trece de ellas de oro.

► Ganó dos medallas de oro en los Goodwill Games (Juegos de la Buena Voluntad) en 1994.

OLGA KORBUT

Cuando Olga Korbut se presentaba, las personas lo notaban. Su estilo divertido y la sonrisa ganadora le valieron seguidores en todo el mundo. Sus habilidades asombrosas convencieron a muchas personas de acercarse al deporte. A los 14 años, Korbut compitió en su primer campeonato en la Unión Soviética, un expaís que incluía a Rusia. Terminó quinta. Pero Korbut se convirtió en la primera gimnasta en completar dos movimientos nuevos en ese evento. Uno era un salto mortal hacia atrás en la

viga de equilibrio. El otro era un movimiento en el que se soltaba de la barra y daba una vuelta en el aire antes de volver a agarrarse en las barras asimétricas. Estos movimientos se volvieron conocidos como el salto Korbut y el flip Korbut.

Korbut dejó a los espectadores maravillados en las Olimpíadas de 1972. La joven de 17 años ganó medallas de oro en la viga de equilibrio y en el ejercicio en suelo. También fue parte del equipo soviético ganador del oro. Sumó una medalla de plata en las barras asimétricas. Su tamaño pequeño y su gracia le valieron el sobrenombre de Gorrión de Minsk. Ganó dos medallas más en las Olimpíadas de 1976.

ESTADÍSTICAS DE OLGA KORBUT

- Ganó seis medallas olímpicas, cuatro de ellas de oro.

- Ganó seis medallas, dos de ellas de oro, durante su único campeonato mundial.

- Ganó una medalla de plata en la prueba de concurso completo en el campeonato europeo de 1973.

- Ganó los Juegos Estudiantiles Rusos y Mundiales en 1973.

- En 1988, se convirtió en la primera atleta en integrar el Salón de la Fama Internacional de la Gimnasia.

NIKOLAI ANDRIANOV

Nikolai Andrianov comenzó su entrenamiento en gimnasia a los 12 años. Es un inicio tardío para un gimnasta, pero recuperó el tiempo perdido. Con un cuerpo poderoso y una gran capacidad de salto, se convirtió en uno de los atletas más dotados del deporte. Ganó una medalla de oro en los Juegos Olímpicos de 1972 con una rutina de suelo agresiva. Estaba en su mejor forma cuatro años más tarde en las Olimpíadas de 1976. Ganó siete medallas, incluidas cuatro de oro.

Andrianov era muy conocido por hacer rutinas difíciles. Gracias a su habilidad ganó dos medallas de oro más en las Olimpíadas de 1980. Andrianov terminó su carrera con 15 medallas olímpicas. Eso lo ubica en el tercer lugar en la historia de las Olimpíadas. La gimnasta Larisa Latynina está en el segundo lugar con 18 medallas. Y el nadador Michael Phelps está en el primer lugar con 28 medallas.

ESTADÍSTICAS DE NIKOLAI ANDRIANOV

- ► Ganó siete medallas de oro olímpicas.

- ► Ganó el oro en la prueba de concurso completo en los Juegos Olímpicos de 1976.

- ► Ganó trece medallas en campeonatos mundiales, cuatro de ellas de oro.

- ► Ganó diecisiete medallas en campeonatos europeos, nueve de ellas de oro.

- ► Entró en el Salón de la Fama Internacional de la Gimnasia en 2001.

SAWAO KATO

Los aficionados admiraban a Sawao Kato por sus movimientos originales y precisos. Pero su capacidad de desempeñarse ante presión extrema lo convirtió en un ganador. Condujo a sus compañeros gimnastas japoneses contra competidores sólidos durante toda su carrera. Kato y sus compañeros casi siempre terminaban entre los primeros.

Kato ganó la medalla de oro en la prueba de concurso completo en los Juegos Olímpicos de 1968. Sus compañeros de equipo ganaron tres de los otros cuatro primeros lugares. Cuatro años más tarde, Kato ganó nuevamente el oro en la prueba de concurso completo. Los hombres japoneses se llevaron las medallas de oro, plata y bronce en la prueba de concurso completo en esas Olimpíadas, la primera vez que un país ganaba en la prueba de concurso completo masculina en las Olimpíadas desde 1900.

En 1976, Kato perdió la medalla de oro individual en la prueba de concurso completo por un solo punto ante el gimnasta soviético Nikolai Andrianov. Pero los japoneses fueron mejores que los soviéticos por tercera vez en equipo en la prueba de concurso completo. ¡Ganaron por 0,4 punto!

ESTADÍSTICAS DE SAWAO KATO

- Ganó doce medallas olímpicas.

- Sus ocho medallas de oro olímpicas representan más que lo que ningún **otro** gimnasta masculino pudo alcanzar.

- Ganó el oro en la prueba de concurso completo en las Olimpíadas de 1968 y en las de 1972.

- Ganó la plata en la prueba de concurso completo en los Juegos Olímpicos de 1976.

- Entró en el Salón de la Fama Internacional de la Gimnasia en 2001.

LARISA LATYNINA

Larisa Latynina entró a sus primeros Juegos Olímpicos a los 21 años. Con la determinación de tener éxito, nunca retrocedió ante un desafío. ¡Compitió incluso en el campeonato mundial de 1958 cuando estaba embarazada de cuatro meses! Su deseo de tener éxito se vio recompensado con 18 medallas olímpicas. Nadie pudo superar eso durante 48 años. Michael Phelps superó su total general en 2012. Pero Latynina aún mantiene el récord de más medallas individuales ganadas, con 14.

Latynina ayudó a la Unión Soviética a ganar el oro en equipos en las Olimpíadas de 1956 y 1960. También ganó los títulos individuales en la prueba de concurso completo en ambos Juegos Olímpicos. En 1964, consiguió la plata en la prueba de concurso completo a nivel individual. Pero una vez más condujo al equipo de su país a obtener una medalla de oro.

ESTADÍSTICAS DE LARISA LATYNINA

► Ganó dieciocho medallas olímpicas, nueve de ellas de oro.

► Ganó seis medallas en cada una de tres Olimpíadas seguidas.

► Ganó el oro en la prueba de concurso completo en las Olimpíadas de 1956 y en las de 1960.

► Ganó catorce medallas en campeonatos mundiales, nueve de ellas de oro.

► Entró en el Salón de la Fama Internacional de la Gimnasia en 1998.

VERA CASLAVSKA

Vera Caslavska demostró que defender lo que está bien es más importante que ganar. Caslavska era una gimnasta brillante de Checoslovaquia. Pero también era una activista política. Las fuerzas militares soviéticas invadieron Checoslovaquia en 1968, antes de los Juegos Olímpicos. Caslavska se manifestó sobre estas acciones. Se ocultó y pasó a la clandestinidad porque temía ser arrestada. Caslavska mantuvo su entrenamiento de gimnasia

usando un tronco como viga de equilibrio. Practicó ejercicios de suelo en una pradera.

Tres años después, Caslavska volvió a unirse a su equipo para los Juegos Olímpicos y gano el oro en la prueba de concurso completo. Cuatro años antes, Caslavska había ganado el mismo honor. Ganó la medalla de oro en cada uno de los eventos individuales en las Olimpíadas de 1964. Continúa siendo la única gimnasta en haber conseguido esa hazaña.

ESTADÍSTICAS DE VERA CASLAVSKA

- ► Ganó once medallas olímpicas, siete de ellas de oro.

- ► Ganó la medalla de oro en la prueba de concurso completo en las Olimpíadas de 1964 y en las de 1968.

- ► Ganó diez medallas en campeonatos mundiales, cuatro de ellas de oro.

- ► Ganó catorce medallas en campeonatos europeos, once de ellas de oro.

- ► Entró en el Salón de la Fama Internacional de la Gimnasia en 1998.

VITALY SCHERBO

Con frecuencia, los atletas usan una gran desilusión para impulsar sus mayores logros. Vitaly Scherbo ciertamente lo hizo. Ganó una medalla de plata en la prueba de concurso completo en el campeonato mundial de 1991. Pero eso no fue suficiente para Scherbo. Estaba decidido a probar lo que podía hacer. Un año después, obtuvo el oro.

Scherbo dominó en las Olimpíadas de 1992. La cima de su desempeño es quizás el espectáculo más grande aislado de la gimnasia de todos los tiempos. Scherbo ganó las medallas de oro en equipo y en la prueba de concurso completo. Dos días después, terminó primero en las barras paralelas, en salto y en los aros. Por último, empató en el primer lugar en el caballo con arcos. Eso convirtió a Scherbo en la primera persona en la historia olímpica en ganar cuatro medallas de oro en un día. También es el único gimnasta en ganar seis medallas de oro en una sola competencia olímpica.

ESTADÍSTICAS DE VITALY SCHERBO

- ▶ Ganó diez medallas olímpicas, seis de ellas de oro.

- ▶ Sus 23 medallas en campeonatos mundiales, 12 de ellas de oro, van por detrás únicamente de Simone Biles.

- ▶ Ganó la medalla de oro en la prueba de concurso completo en los Juegos Olímpicos de 1992.

- ▶ Ganó al menos un título mundial en cada evento, y tiene un salto con su nombre.

- ▶ Entró en el Salón de la Fama Internacional de la Gimnasia en 2009.

NADIA COMANECI

Nadia Comaneci atrajo la atención mundial hacia la gimnasia durante los Juegos Olímpicos de 1976. Su rutina en las barras asimétricas le otorgó la primera puntuación perfecta con 10,0 en la historia moderna. Los marcadores no podían siquiera mostrar ese resultado. Su puntuación apareció en su lugar como 1,00. Fue un gran momento para Comaneci y para los aficionados que estaban entre el público y en todo el mundo. Comaneci continuó marcando seis puntuaciones perfectas con 10 más en

esas Olimpíadas. También obtuvo la medalla de oro en la prueba de concurso completo, poniéndole el broche de oro a su desempeño histórico.

Comaneci también fue un éxito en las Olimpíadas de 1980. Siempre estaba probando movimientos nuevos. Tiene dos elementos que llevan su nombre en el Código de Puntos, un libro con reglas que explican el sistema de puntuación. Comaneci ganó la Orden Olímpica en 1984, el premio más alto que entrega el Comité Olímpico Internacional. Muy pocos deportistas reciben este premio. Ella es la única atleta que lo ganó dos veces.

ESTADÍSTICAS DE NADIA COMANECI

► Ganó nueve medallas olímpicas, cinco de ellas de oro.

► Ganó la medalla de oro en la prueba de concurso completo en las Olimpíadas de 1976.

► Ganó cuatro medallas en campeonatos mundiales, dos de ellas de oro.

► Ganó doce medallas en campeonatos europeos, nueve de ellas de oro.

► Entró en el Salón de la Fama Internacional de la Gimnasia en 1993.

KOHEI UCHIMURA

Kohei Uchimura es la definición de la excelencia. Ganó todos los títulos importantes en la prueba de concurso completo entre 2009 y 2016. Esta racha incluyó dos oros olímpicos y seis títulos en campeonatos mundiales. Antes de la racha, Uchimura ganó la medalla de plata en la prueba de concurso completo en los Juegos Olímpicos de 2008. Eso significa casi una década de dominio. Muchas personas consideran que es el gimnasta más grande de todos los tiempos. Nadia Comaneci está de acuerdo con esto. A ella

le fascinó la racha sin fracasos de ocho años. Y consideraba que sus habilidades eran perfectas.

Uchimura no solo sobresalió en competencias individuales, sino que también ayudó a Japón a ganar la medalla de plata en equipos en la prueba de concurso completo en las Olimpíadas de 2008 y 2012. Cuatro años después, Uchimura se aseguró de que Japón obtuviera sus medallas de oro. El equipo de King Kohei terminó primero en las Olimpíadas de 2016.

ESTADÍSTICAS DE KOHEI UCHIMURA

- ► Ganó siete medallas olímpicas, tres de ellas de oro.

- ► Ganó 21 medallas en campeonatos mundiales, diez de ellas de oro.

- ► Ganó la medalla de oro en la prueba de concurso completo en las Olimpíadas de 2012 y en las de 2016.

- ► Ganó medallas de oro en la prueba de concurso completo en seis campeonatos mundiales seguidos.

- ► Tiene pensado competir en las próximas Olimpíadas de verano para intentar sumar medallas.

SIMONE BILES

Muchas personas creen que es posible que Simone Biles ya sea la gimnasta más grande de la historia. Y aún está compitiendo por más medallas. Su fuerza arrolladora y sus habilidades asombrosas le ayudaron a llegar a la cima. Biles ganó cinco medallas de oro en el campeonato mundial de 2019. Eso impulsó el total de su carrera y llegó a 25. Superó a Vitaly Scherbo en los libros de récords. ¡Las 23 medallas de Scherbo en campeonatos mundiales no habían sido superadas en 23 años!

Biles hace que movimientos difíciles parezcan fáciles. Sus habilidades asombrosas le permiten probar cosas nuevas. Hay cuatro elementos que llevan su nombre. Uno es un ejercicio de suelo que tiene la calificación más alta por su dificultad de toda la gimnasia femenina. Es un doble salto mortal hacia atrás con triple giro. Ninguna otra mujer ha podido hacerlo. Los aficionados a la gimnasia están siempre esperando para ver qué hace Biles a continuación.

ESTADÍSTICAS DE SIMONE BILES

- ► Ganó cinco medallas olímpicas, **cuatro de ellas de oro**.

- ► Ganó veinticinco medallas en campeonatos mundiales, diecinueve de ellas de oro.

- ► Ganó la medalla de **oro** en la prueba de **concurso completo en las** Olimpíadas de 2016.

- ► Tiene cuatro elementos con su nombre.

- ► Tiene pensado competir en las siguientes Olimpíadas de verano en la prueba de concurso completo.

TU G.O.A.T.

ES TU TURNO DE HACER UNA LISTA DE LOS G.O.A.T. CON LOS MEJORES GIMNASTAS. Marca un 10 perfecto comenzando con alguna investigación. Considera cuidadosamente las clasificaciones de este libro. A continuación, consulta la sección Más Información en la página 31. Allí verás libros y sitios web en los que obtendrás más información sobre los mejores gimnastas del pasado y del presente. Habla con tu bibliotecario para encontrar otros recursos. Incluso podrías consultar a algunos gimnastas actuales y preguntarles quiénes piensan que son los mejores.

Una vez que hayas terminado, haz tu lista de los mejores gimnastas de todos los tiempos. A continuación, pide a tus amigos que hagan sus propias listas y compárenlas. ¿Tienes gimnastas que nadie incluyó en la lista? ¿El orden de los atletas es similar o completamente diferente? ¡Háblales e intenta convencerlos de que tu lista es la G.O.A.T.!

ALGUNOS DATOS SOBRE LA GIMNASIA

► ¡Simone Biles, de 4 pies 8 (1,4 m), puede saltar 9 pies y 4 pulgadas (2,8 m) durante sus ejercicios en el suelo!

► El primer 10 perfecto en gimnasia ocurrió en 1924, cuando 23 hombres obtuvieron la puntación en escalada de cuerda. El evento pronto se descartó de las Olimpíadas.

► En la gimnasia, 44 mujeres han ganado medallas para los Estados Unidos. La Unión Soviética está segunda con 42.

► Kerri Strug saltó con un tobillo lesionado en las Olimpíadas de 1996 y ayudó a su equipo a ganar la medalla de oro.

GLOSARIO

aros: aparato de gimnasia compuesto por dos aros unidos a cuerdas que están a una altura en el aire

barra fija: aparato de gimnasia con una barra alta

barras asimétricas: aparato de gimnasia con dos barras a diferentes alturas

caballo con arcos: aparato de gimnasia con un cuerpo rectangular y dos agarres para las manos, o arcos

Código de Puntos: un libro de reglas con el sistema de puntuación y los movimientos aprobados para las competencias de gimnasia

elemento: un movimiento de gimnasia en una rutina

prueba de concurso completo: cuando un atleta compite en todos los eventos y obtiene una puntuación en cada uno

rutina: la serie de elementos y movimientos artísticos que llevan a cabo los gimnastas

salto: un salto mortal

viga de equilibrio: equipo de gimnasia con una viga de 4 pulgadas (10 cm) de ancho

MÁS INFORMACIÓN

Blackaby, Susan. *Simone Biles: Making the Case for the Greatest of All Time*. Nueva York: Sterling Children's Books, 2019.

International Gymnastics Federation
http://www.gymnastics.sport/site/

International Gymnastics Hall of Fame
https://www.ighof.com/

Lawrence, Blythe. *Behind the Scenes Gymnastics.* Lerner Publications, 2020.

Lawrence, Blythe. *Best Male Gymnasts of All Time.* Mineápolis: Abdo, 2020.

USA Gymnastics
https://usagym.org/

ÍNDICE

CRÉDITOS POR LAS FOTOGRAFÍAS